This book belongs to:

Este libro pertenence a:

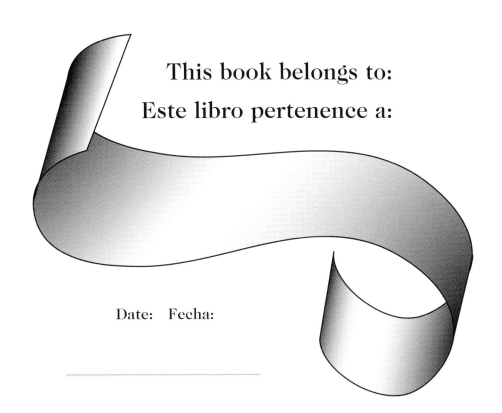

Date: Fecha:

_____

To Laura, David and Jennifer, who are a testimony to the power of prayer.

Publisher's Cataloging-in-Publication
(Provided by Quality Books, Inc.)

Schneider, Beth Harrison.
   Daily blessings : prayers for children / compiled and
illustrated by Beth Harrison Schneider. -- 1st ed.
   p. cm.
   In English and Spanish.
   SUMMARY: Timeless children's prayers, traditional
blessings, and newfound favorites combine for a volume
full of praise, thanksgiving, and comfort. Rhyming
prayers in English and Spanish.
   LCCN 2002100431
   ISBN 0-9701107-6-6

   1. Children--Prayer books and devotions--English.
[1. Prayers. 2. Prayer books and devotions.]   I. Title.

BV265.S36 2002   242'.82
                          QBI33-386

Spanish translation by Creative Marketing of Green Bay, LLC

This book is printed with soy inks on recycled paper.
Printed and manufactured in the United States of America
10 9 8 7 6 5 4 3 2 1

first edition

Daily Blessings

Bendiciones Diarias

Prayers for Children
Oraciones para Niños

Compiled and Illustrated by
Recopilado e Ilustrado por

Beth Harrison Schneider

God is great and God is good,
and we thank Him for our food.
By His hand we must be fed.
Give us Lord, our daily bread.

Dios es grande, Dios es bueno,
y por eso todos los días
le agradecemos por nuestra comida.
Su Mano nos alimenta todos los días.
Señor danos hoy nuestro pan de cada día.

5

Come Lord Jesus, be our guest,
and let Thy gifts to us be blest.

Por favor Dios se nuestro invitado y
bendice los alimentos que vamos a comer.

Jesus, Blessed Savior,
help me now to see;
if I give to others,
I will happy be.

Jesús, Salvador Bendito,
ayúdame a comprender
que si le doy a otros,
seré muy feliz.

Help me to share with others,

that which I receive;

gladly give with happy heart,

to help in every need.

Ayúdame a compartir con otros.

Lo que recibo con gusto también daré,

para ayudar en cualquier necesidad.

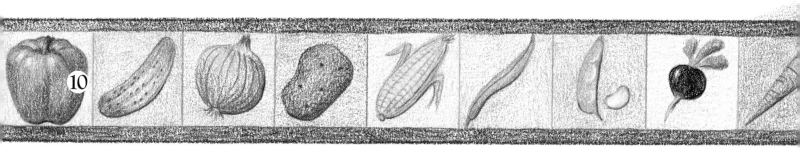

Jesus, gentle shepherd,
bless Thy lamb today.
Keep me in Thy footsteps;
never let me stray.

Jesús, tierno pastor,
bendice hoy al cordero;
guíame con tus pasos,
nunca dejes que me extravíe.

14

Dear Lord, of Thee three things I pray:
to know Thee more clearly,
to love Thee more dearly,
and to serve Thee every day.

Querido Señor, por estas tres cosas yo oro;
Conocerte mejor;
Amarte mucho,
y servirte todos los días de mi vida.

He prayeth best that loveth best,
all things both great and small;
for the dear God who loveth us,
He made and loveth all.

16

El que ama ora mejor, tanto por las cosas grandes como las pequeñas; Por el Dios que nos ama, Él que nos hizo y ama a todo el mundo.

17

Now I wake and see the light;
Thy love was with me through the night.
To Thee I speak again and pray,
that Thou wilt lead me all the day.

Ahora despierto y veo la luz del día,
el amor de Él estuvo conmigo toda la noche;
Con Él yo hablo y oro de nuevo,
para que su voluntad me guíe todo el día.

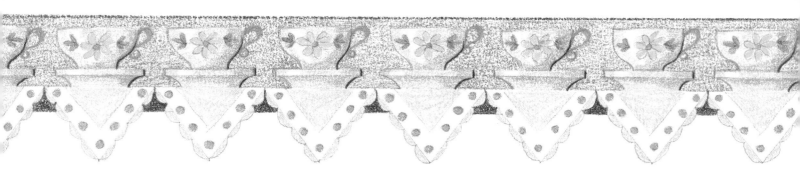

Mealtime is here,
the board is spread;
thanks be to God,
who gives us bread.

La hora de comer llegó,
la mesa está servida;
Gracias Dios,
por el pan nuestro de cada día.

20

21

I'd be as impolite a child,
as impolite could be;
to eat and quite forget to say,
a thank-you, Lord, to Thee.

Yo puedo ser tan maleducado como un niño,
que al comer casi olvido, darte gracias Señor.

23

For colors in the food we eat,
for smells that smell so good,
for things to taste and things to see,
for Mommy and Daddy and for Thee,
Father in Heaven, we thank Thee.

Por los colores de los alimentos
que comemos, por esos olores,
por las cosas que saben bien,
por las cosas que se ven,
por mamá y papá y por Ti,
Padre Nuestro que estás en los cielos,
te damos gracias Señor.

25

Said the sparrow to the robin, "I should really like to know, why these anxious human beings rush about and worry so." Said the robin to the sparrow, "I think that it must be that they have no Heavenly Father such as cares for you and me."

El gorrión le preguntó al petirrojo, "¿me gustaría saber, porque estos ansiosos seres humanos se precipitan y preocupan tanto?" El petirrojo le dijo al gorrión, "creo que no tienen un Padre Celestial que los quiere como a ti y a mí".

27

Praise God,
from whom all blessings flow;
praise Him all creatures here below;
praise Him above,
ye heavenly host;
praise Father, Son, and Holy Ghost.

Alabado seas Señor;
Fuente de bendiciones;
Alábenle, todas las criaturas de la tierra;
Alábenle allá arriba,
Padre Celestial;
Alábale al Padre, al Hijo, y al Espíritu Santo.

Our Father, whom art in heaven, hallowed be Thy name. Thy kingdom come, Thy will be done, on earth as it is in heaven. Give us this day our daily bread, and forgive us our debts, as we forgive our debtors. Lead us not into temptation, but deliver us from evil. For Thine is the kingdom, and the power, and the glory forever. Amen.

Padre nuestro que estás en el cielo, santificado sea tu nombre. Sea hecha tu voluntad aquí en la tierra como allá en el cielo. Danos hoy el pan nuestro de cada día, y perdona nuestras ofensas, como también así nosotros perdonamos a los que nos ofenden. No nos dejes caer en tentación, más líbranos del mal. Porque de Él es el poder y la gloria por los siglos de los siglos amén.

31

"Daily Blessings" Glossary

English	*Español*
bread	pan
gift	regalo
lamb	cordero
day	día
taste	probar
praise	alabado
worry	preocupan
color	colores
thank-you	gracias
impolite	maleducado